GÖTTINGER UNIVERSITÄTSREDEN
69

James Franck und Max Born
in Göttingen

Reden zur akademischen Feier
aus Anlaß der 100. Wiederkehr ihres Geburtsjahres

Mit Beiträgen von
Norbert Kamp, Peter Haasen, Gerhart W. Rathenau
und Friedrich Hund

VANDENHOECK & RUPRECHT IN GÖTTINGEN

James Franck
(26. 8. 1882 – 21. 5. 1964)
war 1921–1933 Direktor des II. Physikalischen Instituts
der Georg-August-Universität

Max Born
(11. 12. 1882 – 5. 1. 1970)
war 1921–1933 Direktor des Instituts für Theoretische Physik
an der Georg-August-Universität

CIP-Kurztitelaufnahme der Deutschen Bibliothek

James Franck und Max Born in Göttingen: Reden zur
akademischen Feier aus Anlaß d. 100. Wiederkehr ihres
Geburtsjahres / mit Beitr. von Norbert Kamp ... –
Göttingen: Vandenhoeck & Ruprecht, 1983.
(Göttinger Universitätsreden; 69)
ISBN 3-525-82621-4

NE; Kamp, Norbert [Mitverf.]; Universität <Göttingen>:
Göttinger Universitätsreden

© Vandenhoeck & Ruprecht in Göttingen 1983. – Printed in Germany.
– Ohne ausdrückliche Genehmigung des Verlages ist es nicht gestattet,
das Buch oder Teile daraus auf foto- oder akustomechanischem Wege
zu vervielfältigen. – Druck: Hubert & Co., Göttingen

Inhalt

Norbert Kamp,
Präsident der Georg-August-Universität

    Grußwort: Max Born und James Franck an der Georgia Augusta 7

Peter Haasen,
Präsident der Akademie der Wissenschaften zu Göttingen

    Grußwort: Max Born und James Franck in der Akademie der Wissenschaften 12

Gerhart W. Rathenau,
Professor emeritus der Universität Amsterdam

    James Franck 14

Friedrich Hund,
Professor emeritus der Georg-August-Universität

    Born, Göttingen und die Quantenmechanik 29

Norbert Kamp

Max Born und James Franck an der Georgia Augusta

In der Aula der Georgia Augusta, die 1921 der Ort des akademischen Anfangs und 1964 wie 1970 auch der Ort akademischen Abschieds von James Franck und Max Born war, begrüße ich Sie alle sehr herzlich, die heute nach Göttingen gekommen sind, um zwei der größten Naturwissenschaftler unseres Jahrhunderts zu ehren, die der Georgia Augusta und der hier gelehrten und entdeckten Wissenschaft die fruchtbarsten Jahre ihres Wirkens geschenkt und den Namen von Stadt und Universität durch ihre physikalischen Pioniertaten und ihre ebenso vornehme wie verantwortungsbewußte Humanität ausgezeichnet haben: James Franck und Max Born, die von 1921 bis 1933 als Ordinarien, der eine für experimentelle, der andere für theoretische Physik, gemeinsam mit Robert Wichard Pohl ein Dreigestirn am großen Firmament der Physik bildeten, das vielen Naturwissenschaftlern und Studenten, die es werden wollten, den Weg nach Göttingen wies und weisen sollte, obwohl es in beider Berufungsvereinbarungen mit dem preußischen Kultusminister von 1920 noch geheißen hatte, daß beiden voraussichtlich das kleine Auditorium des Instituts auf Dauer genügen würde.

In diesem Augenblick der 100jährigen Wiederkehr des Geburtsjahres von James Franck und Max Born ist es für die ganze Universität eine besondere Freude, in Ihnen, Frau Margarethe Farley-Born, Frau Irene Newton-John, Frau Elisabeth Lisco und in Ihnen, Herr Professor Gustav Born, die unmittelbaren Nachkommen beider und mit Ihnen gemeinsam Ihre engsten Angehörigen, unter uns zu wissen. Ihre Anwesenheit und die von Herrn Professor Arthur von Hippel als Schwiegersohn von James Franck sowie die von Professor Heinrich G. Kuhn als einem der letzten Göttinger Mitarbeiter von Franck verdeutlicht noch einmal die enge Verbundenheit beider großer Naturwissenschaftler mit dieser Universität und dieser Stadt, die vielfältiges menschliches Leid überdauert und bösen Ungeist mit humaner Gesinnung beantwortet hat. Ihnen allen gilt ein besonderer Willkommensgruß, den ich Ihnen für die Stadt Göttingen, die Akademie der Wissenschaften und die Georgia Augusta, die sich gemeinsam in der Einladung an Sie verbunden haben, auch gemeinsam sagen darf. Wir freuen uns, daß wir in diesem Jahr und an diesem Tage weltweite Entfernungen überbrücken und Würdigung und Dank gemeinsam erleben, nachdem Sie selbst den Göttinger Jahren Ihrer Väter und Mütter frühe und lebensprägende Eindrücke verdanken, die die Bindung nie verloren gehen ließen.

Für alle Freunde, Assistenten, Schüler und Studenten des von Born und Franck geprägten Jahrzwölfts der Göttinger Physik begrüße ich am heutigen Tage die Herren Gerhart W. Rathenau, Friedrich Hund, Heinz Maier-Leibnitz und mit Ihnen Frau Elisabeth Heisenberg. Herrn Rathenau und Herrn Hund sage ich zugleich den Dank für ihre Bereitschaft, Werk und Wirken von James Franck und Max Born heute für uns zu würdigen. Sie schlagen noch eine unmittelbare Brücke in jene Zeit: Werner Heisenberg und Friedrich Hund benannte Max Born als seine Vertreter für die Vorlesung während seiner großen Amerikareise im Wintersemester 1925/26, Gerhart Rathenau war der letzte zum Ziel gekommene Doktorand von James Franck, bevor dieser sein Lehramt 1933 niederlegte. Heinz Maier-Leibnitz war zwei Jahre zuvor nach Göttingen gekommen, früh genug, um noch ganz vom „Geist von Göttingen" eingefangen zu werden. Mit Ihnen begrüße ich hier die von nah und fern zu uns gekommenen Physiker und Naturwissenschaftler, an ihrer Spitze den Präsidenten der Deutschen Physikalischen Gesellschaft, Herrn Kollegen Schmidt-Tiedemann, dessen Initiative die große, das Wirken Borns und Francks im Bunde mit der Stiftung Preuß. Kulturbesitz vergegenwärtigende Ausstellung und die weiteren Veranstaltungen dieses Jahres so viel verdanken. Wir freuen uns über Ihr aller Kommen, das Brücken schlägt und die große Familie einer großen Disziplin in diesem Augenblick unter dem Dach dieser ehrwürdigen Aula vereinigt.

Mit Ihnen grüße ich die Abgeordneten des Niedersächsischen Landtages, die Vertreter der Stadt Göttingen, die hier mit uns ihre

Ehrenbürger ehren, den Vertreter des Ministeriums für Wissenschaft und Kunst, den Vizepräsidenten der Max-Planck-Gesellschaft, den Präsidenten der Braunschweigischen Wissenschaftlichen Gesellschaft und den Rektor der uns befreundeten Technischen Universität Clausthal, Magnifizenz Schottländer.

Für die Georgia Augusta war das Jahr 1921 ein Jahr des akademischen Aufbruchs. Die Doppelberufung von Max Born und James Franck, die Neugliederung der Physikalischen Institute, die im Jahr darauf folgende Verselbständigung der Naturwissenschaftlichen Fakultät, öffneten in kürzester Frist, wenn auch auf dem fruchtbaren Grund bereits Jahrzehnte langer Förderung von Mathematik und Naturwissenschaft durch eine Berufungs- und Ausstattungspolitik mit langem Atem, einer bahnbrechenden Zusammenarbeit in der Wissenschaft den Weg so, daß Göttingen nicht Zwischen-, sondern Endstation akademischer Laufbahnen wurde und junge Talente aus aller Welt den Weg nach hier suchten und in der lebendigen Diskussion und dem menschlich überhöhten wissenschaftlichen Reizklima der Physikalischen Institute auch fanden. Vier Jahre nach beider Ankunft in Göttingen standen Born und Franck die Tore amerikanischer Universitäten weit offen, von europäischen ganz zu schweigen. Sie blieben in Göttingen, solange sie es konnten.

Der politische Umbruch von 1933 traf die Göttinger Naturwissenschaft voll, obwohl der damalige Kurator Valentiner, der die Jahre seit 1921 mit vielen helfenden und haltenden Initiativen begleitet hatte, die persönliche Bemühung und den persönlichen Rat nicht missen ließ. Die Universität wirkte angesichts der aus dem Geiste des Rassismus geführten Schläge wie gelähmt, wenn man die beschämende Stellungnahme einer Dozentengruppe gegen die Rücktrittsbegründung von James Franck einmal übersieht. Die offizielle Universität hat angesichts des aufrüttelnden Rücktritts von James Franck und des in gleicher Richtung handelnden Max Born damals versagt und Signale übersehen, die wir nicht mehr übersehen dürfen und die beide der Universität, der sie auch im Rückblick noch ihre besten Jahre verdankten, ins Stammbuch schrieben; die Mitverantwortung für das politische Geschehen und die Verantwortung des Wissenschaftlers für sein Forschen, die freilich nicht billig politisch proklamiert und eingefordert, sondern mit der lebenslangen Erfahrung des Naturwissenschaftlers getragen und eingelöst werden müssen. James Franck und Max Born haben dieses exemplarisch vorgelebt und in die Göttinger Universität wieder eingebracht, seit sie den Weg zu ihr zurückgefunden hatten und als Ehrenbürger der Stadt und verdiente Emeriti wieder zu Göttingen gehörten. Der Göttinger Widerstand von 1955 gegen einen falsch ausgewählten Kultusminister löste Francks „helle Freude" aus; Borns Wort gab der Göttinger Erklärung der achtzehn Warner vor der atomaren Aufrüstung besonderes Gewicht.

Bei der akademischen Trauerfeier für James Franck sprach der damalige Kultusminister Hans Mühlenfeld 1964 die Hoffnung aus, daß es gelingen möge, die große Tradition in Göttingen fortzuführen, die Franck mit anderen Gelehrten seines Faches gestärkt und geschaffen habe. Der Niedersächsische Wissenschaftsminister ist heute hier durch Herrn Leitenden Ministerialrat Gerhard Hopfe vertreten, der diese Ministerrede nicht entworfen hat, aber doch aus seinem Verständnis für die Universität heraus geschrieben haben könnte. Was gilt aber das Ministerwort von 1964 noch im Jahre 1982, wenn die heutige Regierung es zuläßt, daß in kapazitären Planspielen, die schneller Realität erhalten können, als uns lieb ist, darüber nachgedacht wird, die künftigen Lehrer dieses Landes von der Physik-Ausbildung, ja überhaupt von den Naturwissenschaften in Göttingen abzunabeln. Es mag sein, daß die Wege von Wissenschaft und Schule im Zeichen einer Professionalisierung der Lehrer auseinanderdriften, es mag sein, daß der Höhenflug der Physik, der mit den Namen Borns und Francks unmittelbar verbunden ist, nicht leicht in die didaktische Welt der Schule umzusetzen ist; die Frage bleibt doch, ob wir den Lehrern künftiger Generationen den Zugang zu der von Born und Franck in den besten Jahren ihres Lebens begründeten naturwissenschaftlichen Tradition vorenthalten dürfen. Diese Frage, die auch die von Born und Franck immer wieder vorgelebte Verantwortung des Wissenschaftlers für sein Werk einbezieht, harrt der raschen Beantwortung durch die gewählten Repräsentanten unseres Staates in Parlament und Regierung kraft der von ihnen zu tragenden Verantwortung für die Zukunft von Wissenschaft und Gesellschaft. 1921, in wahrlich nicht leichter Zeit, hatte der preußische Staat den Mut, drei Lehrstühlen für Physik das

Tor zu neuer Arbeit in Göttingen weit zu öffnen. Wenn wir auf die Ernte dieser Jahre blicken, wissen wir, daß wir den im nivellierenden Kapazitätsdenken befangenen Planern Widerstand leisten und dafür eintreten müssen, daß die Physik in Göttingen ihre Zukunft in der ganzen Weite ihres Angebots bewahrt, durch die bauliche Erneuerung der von Born und Franck mit der Faszination neuer wissenschaftlicher Wege erfüllten Physikalischen Institute und durch das Offenhalten der Physik und der Naturwissenschaften auch für künftige Lehrer. Gerade James Franck und Max Born haben uns gelehrt, daß es nicht nur befruchtende Wissenschaft ist, was junge Menschen von vorbildlichen akademischen Lehrern lernen, sondern ebenso lebendige Humanität und gemeinsam erlebte Verantwortung, die über die Opportunität des Tages hinaus blickt.

James Franck und Max Born haben in Göttingen Zeichen gesetzt, als Naturwissenschaftler auf neuen, zukunftsoffenen Wegen, als mutige Protestanten in höchster persönlicher Gefährdung, als über fremde Schuld und Verfehlung hinweg ihrer Universität und ihrer Fakultät Verbundene, die den verschütteten Weg zu neuer Internationalität und neuer innerer Kraft mit ihrem Bekenntnis zur Georgia Augusta und ihrer wissenschaftlichen Tradition wieder öffneten. Walther Zimmerli sprach einmal von der neuen Leuchtkraft, die beide dem Namen der Georgia Augusta verliehen haben; sie ist jung und wirksam geblieben, 100 Jahre nach ihrer Geburt und fast 50 Jahre nach ihrer Verbannung, die ein Mahnmal bleiben wird, auch wenn Franck und Born uns und ihrer Universität wieder die Hand gereicht und den Traditionsbruch aus niedersten Motiven damit in exemplarischer Haltung überbrückt haben.

Peter Haasen

Max Born und James Franck in der Akademie der Wissenschaften

Die Akademie der Wissenschaften erinnert sich mit Freude und Stolz ihrer Mitglieder Max Born und James Franck, die in diesem Herbst 100 Jahre alt geworden wären. Die Mitglieder der Akademie haben sich mit Ihnen hier zusammengefunden, um sich die große Zeit der Göttinger Physik wieder ins Bewußtsein zu rufen, die auf immer mit den Arbeiten und Persönlichkeiten dieser bedeutenden Gelehrten verbunden ist. Beide wurden schon 1921 – vor ihrer Berufung aus Frankfurt bzw. Berlin auf Parallel-Lehrstühle der Physik in Göttingen – zu korrespondierenden und im gleichen Jahr zu ordentlichen Mitgliedern der Akademie gewählt. Sie haben ihr bis zu ihrem Tode treue Dienste geleistet. Die Akademie muß es allerdings auf sich nehmen, unter dem Zwang unseliger Gesetze die beiden dann Auswärtigen Mitglieder von 1938 bis 1945 in ihren Listen gestrichen zu haben, weil diese, wie es heißt, im Personalbogen als ihre Religion „jüdisch" angegeben hatten.

Max Born schreibt 1952, daß er sich der Göttinger Akademie tief verbunden fühle. Er ist nach seiner Übersiedlung im Jahre 1954 von Edinburgh nach Bad Pyrmont immer wieder gern nach Göttingen gekommen. Ich erinnere mich dieser Besuche in den 60er Jahren mit tiefer Bewegung. Durfte ich mich doch als Schüler von Günther Leibfried als ein wissenschaftlicher Enkel von Max Born auf dem Gebiet der Kristall-Mechanik fühlen. So hat z. B. Born schon 1921 die Stiftung eines Preises der Akademie vermittelt, der für die Klärung der Frage verliehen werden sollte, ob auch die Zerreißfestigkeit der Ionenkristalle durch die elektrostatische Gitterenergie bestimmt wird, oder ob dazu neue Annahmen erforderlich sind. Das ist offensichtlich der Fall. Ich habe nicht herausfinden können, ob der Preis je verliehen wurde; jedenfalls ist die Frage immer noch aktuell und ist Gegenstand unserer heutigen Arbeit.

Max Born wie auch James Franck haben die Akademie stets mit sachkundigem Rat unterstützt, besonders in den schwierigen Zeiten nach den beiden Kriegen. So setzte sich James Franck 1927 leidenschaftlich für den Beitritt der Akademie in die Internationale Union ein, der wohl damals sehr umstritten war. Für ihn ist die Möglichkeit zu friedlicher Zusammenarbeit mit der Welt das, worauf es damals und immer wieder ankam. Von Francks kompromißlosem Einstehen für Aufrichtigkeit und moralischer Gesinnung 1933 wie auch 1945 wird noch die Rede sein. Zu letzterer Zeit war er Professor der Chemie an der Universität Chicago, einer Elite-Universität so ganz anderer Art als Göttingen. Ich erinnere mich aus den Jahren 1954—56 noch der manchmal gemeinsamen Wege zum Mittagessen vom heutigen James-Franck-Institut zu Quadrangle Club. Auf denen erzählte Franck von dem, was damals den „Geist von Göttingen" ausmachte, an dessen Zustandekommen, wie wir wissen, er doch wesentlich beteiligt war. Franck arbeitete in Chicago über Photosynthese. Für diese Arbeiten hat ihm die Akademie als erstem den neugestifteten Dannie-Heineman-Preis zuerkannt. Er konnte ihn 1962, im Jahre seines 80. Geburtstages, persönlich entgegennehmen und schreibt danach, daß ihn die Feier an die schöne Zeit seines früheren Göttinger Lebens erinnert habe, die wohl die beste seines Lebens gewesen sei. Sie ist im kongenialen Zusammenwirken der beiden Gelehrten und Freunde sicher auch eine große Zeit der Göttinger Physik gewesen und eine große Zeit im Leben unserer Akademie.

Gerhart W. Rathenau
James Franck

Die heutige Feier zur Ehre von Max Born und James Franck ehrt auch die Georg-August-Universität, der beide so sehr zugetan waren. Ich will vor allem über Franck sprechen, der mein Doktorvater war, und zu zeigen versuchen, daß sein Werk, seine Arbeitsweise und seine Menschlichkeit auch heute und später Bedeutung behalten. Biographische Vollständigkeit werden Sie vergebens suchen.

Bedeutung von Franck's Wirken für die Naturwissenschaften. Beschreibung seiner ersten Arbeiten

Wie mancher junge Mensch am Anfang des Jahrhunderts hatte Franck Mühe, seine Familie davon zu überzeugen, daß die Naturwissenschaften das richtige Studium für ihn seien. Besonders im Hinblick auf die Physik konnte man der alten Generation nicht deutlich machen, was man „damit tun kann". Mit etwa 19 Jahren aber zog der junge James 1902 nach Berlin zum Studium der Physik, die ihm Erfüllung geworden ist.

Sich in die nur 80 Jahre hinter uns liegende Zeit hineinzuversetzen, ist nicht leicht. Es gab zahlreiche neue Effekte und experimentelle Ergebnisse in der Physik. Als Stichworte nenne ich Kathodenstrahlen und Röntgenstrahlen, Radioaktivität, lichtelektrischen Effekt und Zeemaneffekt und den Schatz von unverstandenen Linienspektren der Lichtspektroskopie. Die großen ordnenden und erklärenden Theorien mußten noch kommen. Rutherford's Atommodell und Bohr's Theorie des Wasserstoffatoms sind erst von 1913; auch die Relativitätstheorie kam erst 1905.

Es ist unter diesen Umständen verständlich, daß Emil Warburg im wichtigen Zentrum Berlin dem jungen Franck als Thema der

Doktorarbeit eine phänomenologische Untersuchung vorschlug, nämlich die der Spitzenentladung, die man von Influenzmaschinen und vom beginnenden Gewitter her kennt[1]. Es ist kennzeichnend für Franck, daß er die Fragestellung zu einfachen prinzipiellen Fragen umbog[1/2] und diese mit an sich bekannten Apparaten und unter sauberen Versuchsbedingungen beantwortete. Für seine Doktorarbeit 1906 maß er die Beweglichkeit der Ladungsträger in der Spitzenentladung. In den nächsten Jahren erscheint eine Reihe von Arbeiten über Beweglichkeit von Ionen in gut definierten Gasen. Franck macht dabei die erstaunliche Entdeckung[2/12], daß in sehr sauberem Stickstoff und in den Edelgasen die Beweglichkeit der negativen Ladungsträger die der positiven Ladungsträger um mehrere Größenordnungen übertrifft. Daraus schließt er, daß die negativen Ladungsträger freie Elektronen sind. Die Freiheit der Elektronen, meint er, muß die kleine Elektronenaffinität der betreffenden Gase zur Ursache haben. Diese Erkenntnisse haben die nächsten Schritte in Francks Laufbahn erleichtert.

Bei den Untersuchungen von Franck und Hertz über die Wechselwirkung von Elektronen mit Atomen oder Molekülen war wiederum Franck's Neigung, Grundsätzlichem zuzustreben und unnötige Kompliziertheit in Experiment und Theorie zu vermeiden, entscheidend. Der Engländer Townsend hatte eine Theorie des elektrischen Durchschlags entworfen. Hierbei wird angenommen, daß ein Atom oder Molekül ionisiert wird, wenn die kinetische Energie eines stoßenden Elektrons nach Durchlaufen eines freien Wegs im elektrischen Feld einen Mindestwert erreicht hat. Aber auch wenn die kinetische Energie des Elektrons unter dem zur Ionisierung notwendigen Mindestwert bliebe, sagte Townsend, sollte ein Zusammenstoß von Elektron und Atom/Molekül zum völligen Verlust der kinetischen Energie des Elektrons führen[3]. Mit einem feinen Gefühl für physikalische Zusammenhänge, das Franck in ganz ungewöhnlichem Maße besaß, so spricht Hertz es aus, bezweifelte Franck die Richtigkeit von Townsend's Annahme, daß ein Elektron nach jedem Zusammenstoß zur kinetischen Energie Null zurückkehrt. Franck meinte auch, daß man die Gesetzmäßigkeit des Zusammenstoßens unmittelbar experimentell feststellen könnte. Er schlug seinem Fachbruder Hertz, der 1911 gerade zum Doktor promoviert war, vor, die Untersuchung gemeinsam zu machen. Die beiden waren damals etwa 29 und 24 Jahre alt.

Franck und Hertz' erste Untersuchungen beruhten auf elektrischen Strom-Spannungs-Messungen an einer Art von Radioröhre. Diese war mit dem zu prüfenden Gas bei geringem Druck gefüllt. Das Gerät ging auf Lenard zurück. Bergen, Davis und Goucher haben es später stark verbessert[4].

Franck's frühere Arbeiten hatten gezeigt, welche Gase vernachlässigbar kleine Elektronenaffinität haben. Mit solchen Gasen (Metalldämpfe wie Hg; N_2 und Edelgase) wurde gearbeitet.

Was ergaben Franck und Hertz' Untersuchungen über den Zusammenstoß von solchen Atomen und Molekülen mit langsamen Elektronen?

1. Unterhalb einer bestimmten vom Gas abhängigen kinetischen Energie der Elektronen sind die Stöße elastisch. Es ist als ob ein kleiner Billardball (Elektron) auf einen großen (Atom) stößt. Die Richtung der Bahn des Elektrons kann durch den Stoß geändert werden, aber kaum seine kinetische Energie. Das Atom befindet sich nämlich in einem stabilen stationären Zustand, und zwar dem energetisch tiefst liegenden, dem Grundzustand. Die Schwellenenergie, bis zu der diese Stabilität des Atoms erhalten bleibt, ist beim Quecksilber 4,9 eV.

2. Bei der Schwellenenergie des Atoms oder Moleküls (kinetische Energie der stoßenden Elektronen beim Quecksilber: 4,9eV) wird der Stoß plötzlich völlig unelastisch. Die ganze Energie der Elektronen wird aufgenommen. Es ist jetzt, als ob ein kleiner Billardball (Elektron) auf einen großen Plastizinball (Atom/Molekül) gestoßen ist. Bei einigermaßen höheren Stoßenergien des Elektrons wird nur die Schwellenenergie (4,9 eV bei Quecksilber) übertragen. Den Rest behält das Elektron als kinetische Energie.

3. Beim Einsetzen der Nicht-Elastizität der Stöße, also bei der Schwellenenergie, fängt das Gas an Licht auszusenden[5]. Die Licht-Spektroskopie wird dann eine zusätzliche Meßmethode. Man beobachtet ein ungewöhnliches Spektrum, mit erst statt vieler Linien nur einer einzigen Spektrallinie. Die Stoßenergie des Elektrons $1/2 mv^2 = eV$ wird dann in Strahlungsenergie $h\nu$ umgewandelt. Die

Versuche erlaubten eine unabhängige, damals genaue, Bestimmung der Planckschen Konstanten.

Franck und Hertz' frühe Arbeiten haben also die stufenweise Anregung von Atomen und Molekülen durch Elektronenstoß bewiesen. Man kann nicht jeden Energiebetrag zuführen, sondern unterhalb der Ionisierungsenergie nur solche Quanta, die dem Übergang vom Grundzustand zu einem anderen stationären Zustand entsprechen. Spätere Arbeiten[6/7] von Franck und Mitarbeitern zeigen dies auch für ziemlich hoch gelegene angeregte Zustände. Die Energiebeträge kann man als Differenzen den Termschemata der Lichtspektren entnehmen. Dies ist eine der schönsten Entdeckungen der Physik und ein direkter Beweis[8] für die Deutung der Spektren durch die berühmten Bohr'schen Postulate.

Erstaunlicherweise findet sich Bohr's Name nicht in Franck und Hertz' Veröffentlichungen, und das bleibt so während mehrerer Kriegsjahre, obwohl Bohr's Arbeit schon mehr als 6 Monate vor der ersten Arbeit von ihnen erschienen war. Ich erzähle die Episode, weil sie für die Vornehmheit aller Beteiligten kennzeichnend ist. Im Mai 1973 besuchte ich nochmals Professor Hertz. In diesem Gespräch sagte er: „Ja, es wird jetzt immer behauptet, wir hätten die Versuche angestellt, um die Bohr'sche Theorie zu prüfen. Das ist völlig falsch." Und dann: „Ja, es spielt zu gleicher Zeit, aber wir haben es gar nicht in Beziehung (zueinander) gebracht. Das ist eben sehr merkwürdig. Ich habe mich mal mit Franck unterhalten und sagte, wie ist es möglich, daß wir es nicht merkten? ‚Ja', sagte er, ‚dann waren wir eben zu dumm'". Aus demselben Gespräch ging hervor, daß Franck zur Zeit der ersten Elektronenstoßversuche viel Literatur las. Aber er beschränkte dies etwas auf das für die eigene Arbeit offensichtlich wichtige Gebiet der Gasentladungen. So blieben die Grundgesetze der Serienspektra außerhalb des Bewußtseins. – Jeder Wissenschaftler von heute kennt das Problem der ungelesenen Literatur.

Der fehlende Kontakt mit den Bohr'schen Arbeiten hatte auch den folgenden Irrtum bei der Deutung der ersten Elektronenstoßversuche zur Folge. Beim Auftreten der ersten Spektrallinie von Quecksilber bei 4,9 eV entstanden durch den lichtelektrischen Effekt neue Elektronen an den Metallteilen von Franck und Hertz'

Apparat. Das gab Unstetigkeiten in den Kurven, die als Ionisierung von Quecksilber gedeutet wurden. Hätte man Bohr's Theorie gekannt, dann wäre aus der Seriengrenze des Spektrums zu entnehmen gewesen (Paschen), daß solche Ionisierung erst bei 10,5 eV auftritt.

Bohr, der 1914 in Manchester arbeitete, hatte trotz des Krieges von Franck und Hertz' Ergebnissen gehört. Er verstand, daß sie im Zentrum seiner Theorie standen[9]. Er war sich der Diskrepanzen bewußt und probierte sie zu deuten[10]. Er gab auch den Stoß zu ergänzenden, klärenden Messungen[11].

Offen und ritterlich, wie er ist, faßt James Franck dies alles in seinem Vortrag bei der Verleihung des Nobel-Preises 1925 zusammen[12]: „... mit der Schilderung mancher Irrwege und Umwege, die wir gingen in einem Gebiet, in dem der gerade Weg durch Bohrs Theorie nunmehr offen darliegt."

Andere Arbeiten

Es ist unmöglich, das ganze große Werk von Franck mit derselben Ausführlichkeit zu behandeln, mit der wir die Arbeiten über Beweglichkeit und Elektronenstoß besprachen. Seine ungefähr 170 Veröffentlichungen[1] überdecken einen großen Sektor von Physik und Chemie. Seine Intuition und systematische Arbeitsweise haben ihn oft den Anfang machen lassen. Dabei ist wahr, was sein langjähriger Freund und Kollege Peter Pringsheim in einem liebevollen Glückwunsch zum 70. Geburtstag schreibt[13], nämlich daß Franck's Arbeiten meistens einem rechten Weg folgen. Soweit es Seitenwege gibt, schließen die sich dem Hauptweg oft wieder an. Als Leser der Arbeiten erlebt man mit Erstaunen, wie eins ins andere greift. Frühere Resultate werden viel gebraucht. Neue Einsichten werden Ausgangspunkte für spätere Untersuchungen. Auffallend ist auch, daß die Probleme, über die Franck nachdachte, nach so langer Zeit nicht veraltet sind. Natürlich kommen die neuen experimentellen Hilfsmittel, die erlauben, Anfangszustand und Resultat eines Eingriffs besser als früher zu definieren, und die raffinierten Rechenmethoden von heute der Lösung bekannter Fragen näher. Ist die

Aktualität, die ich direkt angeben will, die Folge der nach Fundamenten suchenden sorgfältigen Fragestellung damals?

Im Bewußtsein, vielleicht zuviel zu vereinfachen und der Zeitfolge Gewalt anzutun, will ich jetzt Franck's wissenschaftliches oeuvre einteilen. Mit ein paar Worten werde ich Arbeiten streifen, deren aktuelle Bedeutung mir bekannt ist.

1. Beweglichkeit von Ladungsträgern (Univ. Berlin 1906–1910)

2. Methode des Elektronenstoßes zur Anregung von Resonanz- und höheren Zuständen (Univ. Berlin 1911–1917, Kaiser-Wilhelm-Institut für Phys. Chemie 1917–1921)

Franck und seine Mitarbeiter zeigten[15] ([6/14]), daß gewisse atomare Komplexe sich beim Elektronenbeschuß Elektronen einfangen können. Sie werden dann negative Ionen kürzerer oder längerer Lebensdauer. Solche Ionen, die mit Elektronenemission und nicht mit Lichtausstrahlung auseinander fallen, haben neuerdings unter dem Namen „Resonanzen" viel Interesse gefunden[16].

Übrigens ist zur Methode des Elektronenstoßes zu bemerken, daß diese zur Untersuchung sonst schwer erreichbarer Energieniveaus (Triplettzustände organischer Moleküle) noch stets gebraucht wird.

3. Abgabe von Anregungsenergie (Univ. Göttingen 1921–1928)

In Franck's Laboratorien wurde an Fluoreszenz und vielen anderen Arten von Energieabgabe angeregter Atome gearbeitet[17–21]. Unter anderem wurde hierbei eine Basis für das genaue Verstehen von photochemischen Reaktionen gelegt. Auch dies Gebiet ist heute nicht verlassen. Nun strebt man (z. B.[22]) nach der zahlenmäßigen Erklärung der Wechselwirkung eines angeregten Atoms und ihm Energie entziehender Moleküle. Die Wechselwirkung kann manchmal weit reichen[23].

4. Stöße von Atomen aufeinander. Moleküle. Quasimoleküle. (Univ. Göttingen 1924–1933)

In diesem Gebiet veröffentlichten Born und Franck zusammen[24/25]: Sie legten die Basis für eine saubere Behandlung von chemischen Additionsreaktionen in Gasen, auch für die quantenmechanische Auffassung von nicht zu Molekülen führenden Stößen von Atomen aufeinander. Auch dies Gebiet ist heute noch am Leben. Als Beweis möge gelten, daß man neuerdings, unter anderem aufgrund theoretischer Betrachtungen, Wasserstoff unter einigem Druck im atomaren Zustand zu erhalten weiß[27].

5. Molekülspektren, Dissoziation (Univ. Göttingen 1924–1933)

Nicht wenige sehen im sogenannten Franck-Condon Prinzip eines der wichtigsten von Franck's Resultaten. Er stellte sich die Frage: Wie wird, unter Einfluß von Licht, ein Molekül, bestehend aus mehreren Atomkernen und vielen Elektronen, die Schwingungsenergie der Kerne zugleich mit der Energie des Elektronensystems verändern? Es ist erstaunlich, daß die einfachsten Sätze der Mechanik ihm die Basis zur Antwort gaben[26]. — In den Händen von Franck und seiner Schule hat das Franck-Condon Prinzip zur Deutung vieler Spektren beigetragen und zur Bestimmung thermodynamischer Parameter[26].

Franck-Condon Faktoren sind unter den von Franck gemachten Voraussetzungen für die heutige Atom- und Molekülphysik wichtig geblieben. Die Arbeit in einer Zeit, in der Laseranregung von Molekülstrahlen und raffinierte Analyse von hierbei entstehenden Zerfallsprodukten möglich ist[28], ist jedoch sehr verändert.

6. Photosynthese (zumal Chicago Univ. 1934–1964)

In den letzten 30 Jahren seines Lebens hat sich James Franck vor allem dem Verstehen der Photosynthese gewidmet. Von Frisch[29] wissen wir, wie Franck, statt die Kernphysik zu wählen, in

Kopenhagen diesen neuen Anfang macht. Rabinowitsch hat für Kuhn's Nachruf auf Franck[1] eine Zusammenfassung dieser Arbeiten gegeben. Kroebel hat sie in Grundzügen beschrieben[30]. Ich hörte, wenn ich ihn in Chicago oder Falmouth sah, James Franck mit Hingabe auch über diese Untersuchungen sprechen. Aber ich kenne mich in dem Fach nicht aus. Meine Freunde Biophysiker in den Niederlanden meinen, daß Franck's Beitrag zur Einführung physikalischen Denkens in die Biologie wichtig war. Vor allem betonen sie, daß seine Arbeit über das Photosynthesemodell und die zugehörige Quantenausbeute jüngere Untersucher wie Emerson dazu angeregt hat, ihre Messungen und Deutungen zu veröffentlichen. – Übrigens bleibt von biologischer Seite Kritik an Franck's Arbeiten auf diesem Gebiet, eine Kritik, die er sachlich unrichtig fand und die ihm darum wehtat.

Wahl der Arbeitsgebiete. Arbeitsweise

a) Schon im vorhergehenden ist zum Ausdruck gekommen, wie sorgfältig James Franck sein *Arbeitsgebiet* wählte. Er suchte die grundlegenden Fragen herauszuschälen. Übrigens reihte er methodisch die eine Frage an die andere. Dies bedeutete auch, daß von bestehenden Erfahrungen, ob dies nun eigene oder anderer Gruppen Erfahrungen waren, viel Gebrauch gemacht wurde.

In der sauberen methodischen Wahl der Arbeit mag es auch begründet sein, daß wir damals den Laser übersehen haben, obwohl alle Voraussetzungen experimenteller und theoretischer Art im Haus waren.

b) Eine *saubere Definition* von Problemstellungen fand Franck unentbehrlich. Auch bei der Ausarbeitung und der Deutung der Ergebnisse hat er mit unermüdlichem Eifer und großer Originalität geschliffen, poliert und wieder von neuem angefangen. Wie auch Bohr meinte er, daß solche Arbeitsweise zu größerer Erkenntnis führe. Ich denke, daß dies eine Erklärung dafür ist, daß er das Halten von Vorlesungen, die aus Gründen von Zeitmangel und Didaktik zu vereinfachen pflegen, nicht liebte.

Peter Pringsheim[13] hat Franck's Arbeitsweise schön beschrieben, wenn er sagt (ich übersetze): „Hat er einmal ein Problem gut beim Schopf, dann denkt er unaufhörlich daran. Man hat den Eindruck, daß er selbst davon träumt. Er redet gern mit seinen Studenten darüber, mit seinen Mitarbeitern, mit jedermann, aber weniger, um sie zu überzeugen, als um sich das Problem selbst deutlich zu machen. Und endlich findet er eine Lösung, die, wenn sie formuliert ist, so einfach scheint, daß man sich wundert, warum sie nicht immer jedermann stets klar gewesen ist."

c) Franck hatte einen ausgeprägten *Hang zur Einfachheit und Durchsichtigkeit* bei der eigentlichen Ausführung der Arbeiten. Sowohl die experimentellen als die theoretischen Hilfsmittel waren bescheiden. Keine teuren Spektrographen und Lichtquellen, keine komplizierte Elektronik, aber auch keine imposanten Formeln und Berechnungen[13]. In seinen Veröffentlichungen gibt es beinahe keine Formeln. „Clear thinking" stattdessen (Oseen). Wenn man sich überlegt, ob die heutige Physik, vielleicht in irgendeiner Nische, so arbeiten kann, dann scheint es, daß wir in einer anderen Phase angekommen sind. Doch bleibt Franck's Beispiel wichtig als Warnung, das Verstehen niemals komplexer experimenteller oder theoretischer Apparatur zu opfern.

d) Übrigens muß der Eindruck vermieden werden, daß Franck nicht einen *maximalen Gebrauch von der Theorie* gemacht hätte. Das Gegenteil ist wahr. Die enge Zusammenarbeit zwischen Experimentatoren und Theoretikern war ein Kernpunkt des Erfolgs von Göttingen. Die gemeinsam durch Franck und Born herausgegebene Serie „Struktur der Materie" war eine Flagge.

Seit ihrer Studentenzeit in Heidelberg waren Franck und Born Freunde. Als man ihm ein Professorat in Göttingen anbot, hatte Born auf der Berufung auch von Franck bestanden[31–33]. Born berichtet auch[33], daß er und Franck die geplanten und in der Ausführung begriffenen Experimente (fast) täglich diskutierten, ebenso wie die Spekulationen der Theoretiker. Der gegenseitige Einfluß war groß, und dies war der Hintergrund von einer, wie Heisenberg sagte, einzigartigen geistigen Atmosphäre[32]. Hierin spielte auch beider Bewunderung für Bohr eine Rolle.

Die Zusammenarbeit beschränkte sich natürlich nicht auf die Professoren. Sie spielte für beide Institute als ganzes. Wenn er ihn als Diskussionspartner brauchte, angelte sich Franck einen jungen Theoretiker vom Korridor der Etage, die das Institut für theoretische Physik beherbergte. Für die genannte Serie „Struktur der Materie", aber auch für andere seiner Bücher, machte Born von Franck's Fußvolk Gebrauch. Ich selbst arbeitete an seiner „Optik" mit, an Brillouin's „Quantenstatistik" etc.

Experimentatoren und Theoretiker suchten und fanden einander, u. a. beim Ping-Pong Spiel in der Bunsenstraße. Natürlich lief beim Physikalischen Colloquium von Born-Franck-Pohl-Reich alles durcheinander.

Auf dem Colloquium war Franck in seinem Element. Er wünschte alles, was wichtig war, zu verstehen, und zwar vollständig. Durch Formeln ließ er sich nicht einschüchtern. Ich erinnere mich an ein Kolloquium, das bezeichnend für den Unterschied des Denkens war, bei Born und Franck. Ich weiß nicht mehr, worüber man sich nicht einig werden konnte. Aber Franck hatte die Lösung schnell aus einem Modell abgeleitet. Born lief mit einem Papier weg, um in seinem friedlichen Zimmer zu rechnen.

e) Es wäre sicher falsch, das Arbeiten im Institut als *Gemeinschaftsarbeit* zu bezeichnen. So komplex, daß eine fachlich wissenschaftliche Arbeitsteilung nötig gewesen wäre, waren die Untersuchungen nicht. Das Institut war eher der Sitz einer Art von Familie, in der mehr Erfahrene den Unerfahrenen mit Hilfe, Rat und Diskussion zur Seite stehen. Geeint waren wir in der Bewunderung – soll ich sagen, Verehrung? – für Franck. Er würde über das Wort gelächelt haben. Er war so bescheiden und einfach, so ganz und gar nicht auf Effekt eingestellt. Er liebte das Understatement. Dadurch kriegten Aussprüche wie „das würde ich so oder so tun" extra Gewicht.

Leiter größerer Institute haben meistens keine Zeit für die Menschen in ihrer Nähe. Nicht so Franck. 25 oder mehr Jahre nach Göttingen sprach er noch mit Sympathie über Herrn Schrader, der der Chef der Werkstatt war. Oder er kam zu mir, Student, als ich im Krankenhaus lag. Er, und auch Born, haben in den dreißiger

Jahren viel getan, um Arbeitsplätze außerhalb Deutschlands zu finden. Das war schwer für die jüngste Generation.

Die geistige Atmosphäre in den physikalischen Instituten zog den Nachwuchs an. Nicht nur den aus Deutschland, sondern auch viel Ausländer. Viele dieser Amerikaner, Kanadier, Engländer, Skandinavier, Russen, Schweizer u. a. sind später im eigenen Land bekannt geworden und haben dort Inseln Göttinger Denkens entstehen lassen[34]. Sie trugen andrerseits zur Entfaltung der Göttinger Physik bei. Auch kamen die großen Namen alle zu kurzen Besuchen. Born und Franck förderten ihren Kontakt mit den jungen Physikern.

Franck ermutigte die Veröffentlichung von ihm vielversprechenden Ideen junger Mitarbeiter. Ich denke an Elsasser[35] oder an R. d'E. Atkinson und Houtermans. Selbst wenn er zur Entstehung und Ausarbeitung von Arbeiten wesentlich beigetragen hatte, ließ Franck sie meistens unter dem Namen nur der Mitarbeiter veröffentlichen. Er freute sich, wenn die Mitarbeiter später die gleiche Uneigennützigkeit übten. – Ich lasse hier unbesprochen, ob die Zufügung von des Lehrers Namen als Mitautor nicht manchmal wünschenswert ist, nämlich wenn sie einer Arbeit eines unbekannten jungen Autors zur verdienten Anerkennung hilft.

Abschied von Göttingen

Das Bild von James Franck wäre sehr unvollkommen, wenn man versäumte, ihn gegenüber gesellschaftlicher Problematik zu zeigen. Gesellschaftliche Fragen sind Wissenschaftlern oft fremd, weil sie keine eindeutigen Lösungen zulassen. Franck jedoch konnte einige Kernfragen deutlich machen und Antworten geben. Seine Schlüsse waren aus einem Guß, so sehr, daß man ihnen anfänglichen Zweifel und nicht enden wollende Mühe bei der Lösung und Formulierung nicht ansah. Ich bespreche jetzt zwei Schritte Franck's, die in der Öffentlichkeit große Aufmerksamkeit gefunden haben.

Im Göttingen der Jahre, die direkt vor 1933 liegen, war die fortschreitende Untergrabung des Staates nicht so sichtbar wie in den großen Städten. Wer die Not dort und die gesellschaftliche Zerrüttung kannte, glaubte sich in Göttingen in einer besseren Welt. Jedenfalls habe ich es so gefühlt. Mit der Machtübernahme der Nationalsozialisten, 30. 1. 1933, kam dies zu einem ziemlich plötzlichen Ende. Rassenhaß z. B. wurde im ganzen Land Gesetz. Innerhalb von zwei Monaten wurde ein Berufsbeamtengesetz erlassen. Unabhängig von ihren Qualifikationen wurde hierin[36] „Nichtariern" die Fähigkeit, der Gemeinschaft zu dienen, aberkannt. Kriegsveteranen fielen unter eine Ausnahmeregelung (7. 4. 1933). Als Kriegsfreiwilliger von 1914, später Offizier und Ordensträger, fiel Franck nicht unter die Verordnung. Trotzdem beschloß er, sein Amt aus Protest niederzulegen. Der amerikanische Historiker Beyerchen[36] sagt, m. E. mit Recht: „Mit der für ihn typischen Einsicht sah Franck (jedoch), daß es sich um eine Prinzipienfrage handelte."

10 Tage nach dem Erlaß reichte Franck dem Minister sein Abschiedsgesuch ein. Zugleich sandte er eine Erklärung an den Rektor der Universität. Einen Ausschnitt davon erhielt die Göttinger Zeitung. Man sieht seine Vornehmheit, seinen Respekt für andere Auffassungen, seinen Opfersinn und seine Zivilcourage, wenn man liest[36/37]: „Ich habe meine vorgesetzte Behörde gebeten, mich von meinem Amt zu entbinden. Ich werde versuchen, in Deutschland weiter wissenschaftlich zu arbeiten. Wir Deutschen jüdischer Abstammung werden als Fremde und Feinde des Vaterlandes behandelt. Man fordert, daß unsere Kinder in dem Bewußtsein aufwachsen, sich nie als Deutsche bewähren zu dürfen. Wer im Kriege war, soll die Erlaubnis erhalten, weiter dem Staat zu dienen. Ich lehne es ab, von dieser Vergünstigung Gebrauch zu machen, wenn ich auch Verständnis für den Standpunkt derer habe, die es heute für ihre Pflicht halten, auf ihrem Posten auszuharren."

Tatsächlich gehörte viel Mut dazu, solches Warnsignal zu geben. Mut auch von Frau Franck, die so viel Verständnis für ihren Mann und dessen Arbeit hatte. – Innerhalb von 6 Tagen erschien eine durch 42 Göttinger Dozenten unterzeichnete Erklärung in der Zeitung[38]. In dieser wird die Form der Rücktrittserklärung einem Sabotageakt gleichgestellt. Sie gäbe nämlich der Weltpresse Grund zu anti-deutscher Propaganda.

Ich will auf einige mutige Stimmen zur anderen Seite weisen, so auf die des Professors W. Köhler aus Berlin, die als Sonderdruck im ganzen Land zirkulierte[39]. Er ging an der Vornehmheit dieses „großen und guten Menschen" nicht vorbei.

Franck's einsames Opfer war keine lose Gebärde. Das hat die Zeit bewiesen. Es hat zahllosen Menschen geholfen, moralisch aufrecht zu bleiben und zu bestimmen, wo die Grenze liegt: bis hierhin und nicht weiter.

Die Kernbombe

Das zweite Beispiel für Franck's gesellschaftliche Aktivität bezieht sich auf viel spätere Zeit. Er hatte sich nach der Übersiedlung nach den Vereinigten Staaten in Chicago niedergelassen.

Am 11. Juni 1945 wurde dem amerikanischen Kriegsminister Stimson der Franck-Bericht überreicht. Dieser war von einer Gruppe von Wissenschaftlern erstellt, die an Kernenergie gearbeitet hatten (J. Franck, D. Hughes, L. Szilard, J. Stearns, E. Rabinowitsch, G. Seaborg, J. J. Nickson)[40]. Franck hatte den Vorsitz gehabt. Der Krieg im Westen war damals schon beendet. Das Hauptargument für die Entwicklung der Kernwaffen war damit entfallen, nämlich die Befürchtung, daß Hitler eher darüber verfügen könne, und dann auch nicht zögern würde, sie zu gebrauchen.

Der Bericht hat zwei Hauptzüge. Einmal ist er auf die nahe Zukunft d. h. auf den Krieg gegen Japan, gerichtet. Er sagt, man möge die neue Waffe, als verwerfliche Methode der restlosen Zerstörung, nicht als erster gebrauchen. Jedenfalls sollte dies nicht ohne vorhergehende Warnung geschehen. Es wäre darum zu empfehlen, diese Waffe in der Wüste oder auf einer unbewohnten Insel vor den Augen der Abgeordneten der Vereinten Nationen vorzuführen.

Zum anderen behandelt der Bericht mit vorbildlicher Deutlichkeit und Nuancierung die Probleme, die uns heute bedrücken. Da ist die Notwendigkeit einer internationalen Verständigung, die Notwendigkeit, ein Kernwaffenwettrüsten zu vermeiden, die Notwendigkeit der effektiven internationalen Kontrolle.

Gedanke und Gegenargumente sind in diesem kurzen Bericht so sauber herausgearbeitet, wie es bei so empfindlichen, und wichtigem Stoff wünschenswert ist. Gruppenarbeit ist schwerlich an einzelne Autoren zu koppeln[41]. Ich meine aber am Inhalt das mir vertraute Denken von Franck zu erkennen, und an der Formulierung seine Sorgfalt.

Es ist müßig und hier nicht am Platz zu überlegen, warum den Hauptempfehlungen des Berichts nicht entsprochen wurde. Es kann uns aber beruhigen, daß von solcher Arbeit doch wichtige Züge im Denken von Menschen erhalten bleiben.

Zusammenfassung

Ich bin nicht imstande, den vielseitigen großen Wissenschaftler James Franck zusammenfassend mit ein paar Strichen zu zeichnen. Wir haben zu zeigen versucht, daß die Wahl seiner Arbeiten durch vorzügliche Intuition und durch stetes Suchen nach den Grundlagen bestimmt wurde. Dabei ging er einen ziemlich rechtlinigen Weg. Die Mittel für seine Arbeiten waren bescheiden und durchsichtig. Das Werk war durch Hingabe und beispiellose Sauberkeit beim Experimentieren und bei der Deutung der Resultate gekennzeichnet.

Selbstlosigkeit und Güte machten ihn zu einem Mittelpunkt. Frisch hat Recht[29], wenn er von Franck sagt: „He was the most immediately lovable man I have ever met". Um den bescheidenen Mann entstand eine wichtige internationale Schule, wichtig auch durch die Zusammenarbeit mit den Theoretikern in Göttingen. Wer bei Franck arbeiten durfte, ist irgendwie durch ihn geprägt.

Für spätere Generationen werden die Wissensgebiete, die er erschlossen hat, bedeutsam bleiben. Seine Noblesse und seine Menschlichkeit werden, oft auch anonym, ein Wegweiser sein in einer etwas ratlosen Welt.

Literatur

1 H. G. Kuhn, Biographical Memoirs of Fellows of the Royal Society, Vol. **11** (1965) 53–74.
2 G. Hertz, James Franck † 21. 5. 1964, Ann. d. Phys. (7) **13** (1965) 1–4.
3 J. Franck und G. Hertz, Phys. Zs. **17** (1916) 409–440.
4 J. Franck und G. Hertz, ibid. **20** (1919) 132–143.

5 J. Franck und G. Hertz, Verh. Dt. Phys. Ges. **16** (1914) 512–517.
6 J. Franck und P. Knipping, Z. Phys. **1** (1920) 320–332; J. Franck und P. Knipping, Phys. Zs. **20** (1919), 481–488.
7 J. Franck und E. Einsporn, Z. Phys. **2** (1920) 18–29.
8 Niels Bohr in Nobel Lectures Physics 1922–1941, Amsterdam 1965.
9 Ruth Moore, Niels Bohr, München 1970.
10 N. Bohr, Phil. Mag. **30** (1915) 394.
11 K. J. van der Bijl, Phys. Rev. **9** (1917) 173.
12 J. Franck in Les Prix Nobel en 1926, Stockholm 1927.
13 P. Pringsheim, James Franck, Rev. Mod. Phys. **24** (1952) 117–119.
14 J. Franck und O. Reiche, Z. Phys. **1** (1920) 154–160.
15 J. Franck und W. Grotrian, Z. Phys. **4** (1921) 89–99.
16 G. J. Schulz, Rev. Mod. Phys. **45** (1973) 378; 423.
17 J. Franck und R. W. Wood, Verh. Dt. Phys. Ges. **13** (1911) 78–83.
18 J. Franck, Verh. Dt. Phys. Ges. **14** (1912) 419–422.
19 J. Franck und G. Cario, Z. Phys. **17** (1923) 202–212.
20 J. Franck und G. Cario, Z. Phys. **11** (1922) 161–166.
21 W. Hanle, Z. Phys. **30** (1924) 93.
22 E. Bauer, E. R. Fisher, F. R. Gilmore, J. Chem. Phys. **51** (1969) 4173–4181; auch: U. C. Klomp, M. R. Spalburg, J. Los, im Erscheinen.
23 A. W. Kleyn, V. N. Khromov and J. Los, J. Chem. Phys. **72** (1980) 5282–5283.
24 M. Born und J. Franck, Ann. d. Phys. (IV) **76** (1925) 225–230.
25 M. Born und J. Franck, Z. Phys. **31** (1925) 411–429.
26 J. Franck, Trans. Faraday Soc. **21** (1925) 1–7 (Part 3).
27 I. F. Silvera and J. Walraven, Sc. American **246** (1982) 66–74.
28 J. Darup, J. Los and P. Novak, J. B. Tellinghuisen in Colloques Internationaux du CNRS No. 273, 1977.
29 O. R. Frisch, What little I remember, Cambridge Univ. Press 1979.
30 W. Kroebel, Zum Tode von James Franck, Die Naturwissenschaften **51** (1964) 421–423.
31 Max Born, Mein Leben, München 1975.
32 Albert Einstein/Max Born Briefwechsel 1916–1955, Rowohlt, Reinbek 1972.
33 Max Born, Phys. Blätter **20** (1964) 324–327.
34 W. Heisenberg, Schritte über Grenzen, München 1971.
35 W. M. Elsasser, Memoirs of a physicist in the Atomic Age, New York 1978.
36 A. D. Beyerchen, Wissenschaftler unter Hitler, Köln 1977.
37 Göttinger Zeitung 18. 4. 1933; siehe auch C. Reid, Courant, New York 1976.
38 Göttinger Tageblatt 24. 4. 1933.
39 Gespräche in Deutschland, W. Köhler, Deutsche Allg. Z. 28. 4. 1933.
40 Bulletin of Atomic Scientists 1946; Deutsch in: B. Engelmann, Deutschland ohne Juden, München 1970, auszugsweise in: Phys. Blätter **20** (1964) 329–334.
41 J.-J. Salomon, Fundamenta Scientiae **1** (1980) 183–198.

Friedrich Hund

Born, Göttingen und die Quantenmechanik

Gemeinsames wissenschaftliches Ziel von Franck und Born war die Erforschung der Gesetze des atomaren Hintergrundes, mit dem wir den Vordergrund des sichtbaren und tastbaren Geschehens deuten. Franck suchte es im intuitiven Erfassen der Andersartigkeit des Atoms, Born im Aufspüren einer mathematischen Struktur. Das Wesentliche davon erfüllte sich in Göttingen, für Born, über den ich jetzt zu sprechen habe, mit seinem Beitrag zum Entstehen und zum Verständnis der Quantenmechanik. Das Thema meines Vortrages lautet also: Born in Göttingen, Born und die Quantenmechanik.

Born in Göttingen

Born war viermal mit unserer Universität verbunden.

Der Student kam 1904 in seinem siebenten Semester. Aus wohlhabendem Hause stammend konnte er studieren, was er wollte und wo er wollte, und er hatte das in Breslau, Heidelberg und Zürich getan. Die Mathematik war dabei allmählich der Hauptgegenstand seiner Studien geworden. Born war musikalisch begabt und körperlich geschickt; Musizieren, Reiten, Tennisspiel gehörte zum Studium, auch ausgedehnte Reisen und Kennenlernen interessanter Personen. In Göttingen trat er Hilbert näher, er wurde sein Privatassistent. Hilberts sauberes, tiefgegründetes mathematisches Denken fesselte ihn. Daß seine Dissertation der angewandten Mathematik angehörte, lag an Zufällen. Immerhin, der Weg ging schon zur Anwendung der Mathematik.

Born kam 1908 wieder, nach einer Aufforderung durch Minkowski, an den er sich mit einer Frage gewandt hatte, die die Relativitätstheorie betraf. Minkowskis früher Tod verhinderte eine Zusammenarbeit. Borns Habilitationsschrift gehörte dann noch der Relativitätstheorie an, die Probevorlesung handelte von Atommodellen. Die Wendung zur Atomphysik deutete sich an. Bald zeigte sich Borns erstes Forschungsprogramm: Herleitung der mechanischen, thermischen, elektrischen, magnetischen und optischen Eigenschaften der Kristalle (als einer einfachen Form der Materie) aus den Kräften zwischen den Atomen. Die Untersuchungen führten schließlich zu dem Buche „Dynamik der Kristallgitter". Es wurde bewundert, auch leicht verspottet wegen der Summenzeichen, die mit bis zu acht Indices behängt waren.

Mit der Übernahme des Göttinger Lehrstuhls für theoretische Physik durch Born, 1921 — er hatte inzwischen in Berlin und Frankfurt am Main gelehrt — begann dann jene zwölfjährige glückliche Zeit der Göttinger Physik, in der die so verschiedenen Forschungsstile Borns und Francks sich gegenseitig ergänzten und Früchte trugen bis zu dem uns beschämenden Ende im Jahre 1933. In die zwanziger Jahre fiel Borns Weg zur Quantenmechanik, seine Mitwirkung bei der Vorbereitung, bei der formalen Vollendung, beim physikalischen Verständnis und bei der Verbreitung dieser Theorie.

Noch ein viertes Mal kam Born zu uns. Nach der Emeritierung vom Edinburgher Lehrstuhl nahm er seinen Wohnsitz in Bad Pyrmont, kam oft nach Göttingen, auch zur schönen Feier seines achtzigsten Geburtstages. Bei der Herausgabe seiner Abhandlungen durch unsere Akademie half er mit, und er schrieb dazu eine Einführung. Aber die Physik war ihm jetzt ferngerückt. Er war der eindringliche Mahner zur politischen Vernunft geworden. Aus dem Suchenden des ersten Göttinger Aufenthaltes, dem angehenden Forscher des zweiten, dem Volltätigen und Erfolgreichen des dritten *war nun der Weise geworden.*

Die zwanziger Jahre

Sie waren in Göttingen besonders schön. Wer das Glück hatte, damals in Göttingen ein Studium der Physik fortzusetzen oder zu ergänzen, dem begegnete eine hervorragende Mathematik. Hilbert, noch auf der Höhe seiner Kraft, war auch an der Physik interessiert. Ihm schwebte eine Art Axiomatik dieser Wissenschaft vor. Das Ziel war zu hoch gegriffen; man wußte und man weiß auch heute Entscheidendes noch nicht. Courant lehrte und erforschte eine Mathematik, die sich an physikalische Fragen anlehnte. Daß sie später in der Quantentheorie benutzt werden konnte, das konnte man noch nicht ahnen. Man traf weiter auf eine erstaunliche Breite der Anwendungen von Mathematik und Physik, die Frucht von Kleins Initiativen. Und in der Physik im engeren Sinne begegneten einem die drei jungen Forscher Franck, Born und Pohl. Wer nun weiter das Glück hatte, in den engeren Kreis der theoretischen Physik zu kommen, der erlebte etwas, was nicht in jedem Jahrzehnt erlebt werden kann, die Formung einer neuen Wissenschaft, eben der Quantenmechanik. Das konnte man zwar auch in Kopenhagen, zum Teil auch in München erleben, aber auch in Göttingen. Die zentrale Gestalt in Göttingen war dabei Born.

Heute weiß jeder Student der Physik, was Quantenmechanik ist. Für die Nichtphysiker sei einiges darüber gesagt: Die Quantenmechanik ist die grundlegende Wissenschaft für die Erklärung des Baues der Materie in Physik, Chemie und Biologie. Sie wurde es unter Verzicht auf Grundsätze der Naturbeschreibung, die man für unverzichtbar gehalten hatte, unter Einschränkung der Begriffe der räumlich-zeitlichen und kausalen Beschreibung. Sie gibt an, wie diese Begriffe zu ändern und mit welchen mathematischen Symbolen sie wiederzugeben sind. Sie deckt damit die uns fremde, nicht mehr anschauliche Struktur des mikroskopischen Hintergrundes auf. Mit der Erweiterung der Denkformen hat sie das Atom denkmöglich gemacht und die Stoffeigenschaften erklärt (ob ein Stoff ein Metall oder ein Isolator ist, ob er schwer oder leicht verdampft, welche Dichte er hat, usw.). Diese andere Art zu denken wie auch der Umfang an Erklärungsmöglichkeiten verleihen der Quantenmechanik eine überfachliche Bedeutung.

Quantentheorie gab es seit 1900, seit der Entdeckung des elementaren Wirkungsquantums h durch Planck. Die Theorie bekam 1913 eine neue Wendung zum Atom hin durch Bohr. Er zog ein der Erfahrung entnommenes Gesetz der Spektrallinien heran, das

„Kombinationsprinzip"; es sagt, daß eine gestrahlte Frequenz ν die Differenz zweier „Terme" ist, und daß das System der Terme einfacher ist als das System der Frequenzen. Aus der chemischen Stabilität der Atome und aus jenem Prinzip las Bohr heraus, daß ein Atom in Zuständen diskreter (also nicht kontinuierlich verteilter) Energiewerte existiert und daß Strahlung bei einem „Quantensprung" zwischen zwei solchen Zuständen abgegeben oder aufgenommen wird, wobei $h\nu$ gleich der Energiedifferenz ist. Aus dem Energiekontinuum eines klassischen (der gewohnten Physik entsprechenden) Atommodells wählte Bohr mit „Quantenbedingungen" die diskreten „stationären" Zustände aus. Die Quantenbedingungen richtete er so ein – und das war der wesentliche Punkt –, daß die noch nicht bekannte und von ihm nun bruchstückhaft postulierte Physik des Atoms einmündet in die bekannte klassische Physik, wenn man gedanklich das atomare System größer und größer werden läßt. Die Bohrschen Ansätze wurden in Göttingen akzeptiert.

Franck hatte ja schon vorher den zusammen mit Hertz angestellten Elektronenstoßversuch mit den Bohrschen Vorstellungen besser verstanden, und Bohr konnte den Versuch als experimentelle Bestätigung seiner Gedanken ansehen. Bohr und Franck wurden rasch enge Freunde, und Born hatte schon gelegentlich Bohrsche Ansätze benutzt.

Der Weg zur Quantenmechanik

Die Göttinger lernten Bohr persönlich kennen, als dieser im Sommer 1922 in zwei Wochen an sieben langen, stoffgefüllten Abenden seine Gedanken vortrug. Der persönliche Eindruck, den Bohr machte, die Begründungen, die tiefer gingen, als man aus damaligen Büchern entnehmen konnte, und der Vergleich mit den ebenso bezaubernden Händel-Festspielen jener Jahre trugen der Veranstaltung bald den Namen „Bohr-Festspiele" ein. Fruchtbar waren dabei auch die Diskussionen, z. B. wenn (A. v. Hippel erinnert sich daran) Sommerfeld aufstand und zu Bohr sagte: ich habe da einen Studenten, der glaubt Ihnen das nicht, es war Heisenberg, und dann auch Born aufstand und sagte: ich habe einen Mitarbeiter, der glaubt Ihnen das nicht, Pauli war es. Es zeigte sich dann, daß auch Bohr seine spezielleren Ansätze nicht so wörtlich meinte. Was Bohr damals vortrug, war keine fertige Theorie, sondern der Entwurf einer Erklärung der physikalischen und chemischen Eigenschaften der im Periodensystem der Elemente geordneten Stoffe. Während der Vortragsveranstaltung machte Born eine wichtige Entdeckung: er entdeckte Heisenberg, und er zog ihn bald nach Göttingen.

Das Bild, das die Vorträge zeigten, war etwas zu schön. Die Erfolge erschienen deutlicher als die Schwierigkeiten. Und schon 1923 sprach man von einer Krise der Quantentheorie. Vordergründig waren es Erscheinungen, die nicht ganz in die Ansätze paßten, wie die Feinstruktur der Spektren und die anomalen Zeeman-Effekte. Sie lenkten etwas vom eigentlichen Problem ab und stifteten Verwirrung. Hinterher sah man, woher die Verwirrung kam, daß da zweierlei miteinander verwoben war, die noch nicht bekannte Quantenmechanik und der noch nicht entdeckte „Spin" des Elektrons.

Born hat sich an diesen Fragen nicht beteiligt. Er fand vielmehr jetzt zu seinem großen *Forschungsprogramm:* Die Quantentheorie des Atoms braucht eine mathematische Form. In seinem Institut wurde noch über Kristallgitterdynamik gearbeitet, und Mitarbeiter von ihm seufzten noch unter den Korrekturarbeiten für die zweite Auflage des Buches. Aber das Gebiet trat jetzt zurück.

Das Programm wurde in vier Stufen durchgeführt. Zunächst suchte Born mathematische Verfahren durch Anpassung von Methoden, mit denen die Astronomen Planetenbahnen berechneten, an die andersartigen Verhältnisse im Atom. In einem privaten Seminar in Borns Wohnung wurden z. B. Poincarés „méthodes nouvelles de la mécanique céleste" eifrig studiert. Mit den angepaßten Methoden ausgerüstet, zeigten dann Born und Heisenberg das Versagen nicht der allgemeinen Prinzipien, aber der bisherigen Ansätze bei der Berechnung der Zustände und des Spektrums des Heliumatoms. Sie schlossen, daß die Rechnungen bei zwei Elektronen den klassischen Vorstellungen noch zu nahe waren. Wie sich später zeigte, waren sie sogar bei einem Elektron noch zu eng. Aber sie hatten doch wenigstens qualitativen Erfolg. Born prüfte also – dritte Stufe seines Programms –, wie weit die Ansätze reichten und wie weit sie konsistent waren. Dem diente die Vorlesung des Wintersemesters 1923/24 und das daraus entstehende Buch „Atommechanik I". Dem Vorwort nach sollte es die Grenzen abstecken, bis zu denen die damaligen Ansätze sich bewährten, es sollte der Versuch einer deduktiven Darstellung der Atomtheorie sein, ein logisches Experiment. Es war die deduktive Darstellung einer schon als unzureichend erkannten Theorie.

Der vierte Schritt des Bornschen Programms galt nun der Frage: wie sind die Ansätze zu ändern. Dem galt eine Abhandlung des Jahres 1924, die schon die Überschrift trug „über Quantenmechanik". Born sah sie als „Versuch, den ersten Schritt zur Quantenmechanik der Kopplung" zu tun. Sie handelt von der Reaktion eines Atoms auf eine Lichtwelle. Das Thema hatten auch andere aufgegriffen; sie ersetzten dabei Größen, die in der klassischen Rechnung auftraten, durch Größen, die der Wirklichkeit näher kamen. Born führte die klassische Rechnung folgerichtig durch, ersetzte Differentialquotienten durch Differenzen und Ausdrücke von Strahlungsamplituden durch „Übergangsgrößen", die wie die Strahlungsfrequenzen zu zwei Zuständen gehörten. Die genaue Form dieser Größen konnte er noch nicht angeben.

Nachweis des Versagens, Abstecken der Reichweite und Gesichtspunkte zur Änderung der bisherigen Ansätze führten nicht ganz zum Ziel. Aber das Ziel war näher, als Born dachte.

Born und Franck waren jetzt auch überzeugt, daß dem Gebiet der Atomphysik eine machtvolle Entwicklung bevorstünde. Sie gründeten 1925 die berühmte Monographiensammlung „Struktur der Materie", die in enger Verbindung von Erfahrung und Theorie „im Geiste Bohrs" das Gebiet darstellen sollte.

Das Ziel

Es wurde erreicht mit einer Ergänzung von Borns mathematischer Phantasie durch Heisenbergs physikalische Phantasie. Heisenberg behandelte 1925 ein ganz einfaches System, die Schwingung einer Partikel. Er holte aus dem Kombinationsprinzip der Spektren (eine Frequenz gehört zu zwei Zuständen) mehr heraus. Er fand mathematische Symbole für die Amplituden, fand heraus, wie sie zu multiplizieren waren, damit das Kombinationsprinzip immer galt, und übertrug die alte Quantenbedingung ähnlich den Bornschen Gesichtspunkten. Born sah dann in Heisenbergs Multiplikationsregeln eine den Mathematikern bekannte Vorschrift (Multiplikation von Matrizen), Heisenbergs Quantenbedingung erkannte er als Vertauschungsbeziehung für die mathematischen Gebilde, die Impuls (p) und Ort (q) entsprechen: $pq - qp$ ist nicht null, sondern gleich einer mit h zusammenhängenden Größe. Man kann das die Bornsche Vertauschungsbeziehung nennen, und sie steht auf seinem Grabstein in Göttingen. Nach Heisenbergs Entwurf schufen dann Born, Heisenberg und Jordan mit der Quantenmechanik eine allgemein aussehende, überzeugend begründete formale Anweisung, Energien und Frequenzen von Atomen und Intensitäten ihrer Spektren zu berechnen. Die Theorie war eine Abänderung der klassischen Mechanik von Partikeln; die Abänderung ging gerade so weit, als das Kombinationsprinzip es forderte. Heisenbergs ursprüngliches Denken und Borns und Jordans mathematische Kraft haben die Theorie möglich gemacht.

Zum Nachweis des Versagens, zum Ausloten der Gültigkeit und zur formalen Abänderung der Quantenansätze fügte Born bald den ersten Schritt eines physikalischen Verstehens bei. Schrödingers Fassung der Quantenmechanik, die von anderen Vorstellungen ausging, aber der Göttinger Fassung mathematisch äquivalent war, war für die Kopenhagener und für die Göttinger Physiker eine Überraschung. Sie knüpfte an die Vorstellung von De Broglie an, daß nicht nur im Licht (wie schon Einstein wußte) Wellen und Teilchen sind, sondern auch in der Materie neben den Teilchen (Elektronen usw.) irgendwie auch Wellen vorhanden sind. Stationäre Eigenschwingungen des Materiewellenfeldes in einem Atom ergaben so die diskreten Zustände. Das sah wie klassische Physik aus, und Schrödinger hoffte auch, es sei eine Erklärung im klassischen Sinne. Man hatte nun zwei äquivalente Formalismen, die Göttinger „Quantenmechanik" und Schrödingers „Wellenmechanik".

Das war aus zwei Gründen ein Fortschritt. Zum einen war die Wellenmechanik mathematisch leichter zu handhaben, ihre Lösungen waren bildhaft und damit qualitativen Schlüssen zugänglich. Zum anderen forderte die Existenz zweier Fassungen eine beide umgreifende Theorie. Born nutzte das erste und bereitete die Erfüllung des zweiten vor; er erkannte dabei die physikalische Bedeutung. Er rechnete den Stoß eines Elektrons gegen ein Atom mit der Wellenmechanik. Dabei führte die dem einlaufenden Elektron entsprechende Welle zu einer Streuwelle, deren Intensität von der Richtung abhing, und diese Streuwelle mußte nun eine Aussage über das Schicksal des gestreuten Elektrons enthalten. Nach Born gab die Intensität der Streuwelle die richtungsabhängige Wahrscheinlichkeit dafür an, daß das Elektron die Richtung einschlägt. Für die Bewegung des Elektrons gibt so die Theorie nur eine Wahrscheinlichkeit an, aber die Größe, die diese Wahrscheinlichkeit bestimmt, ist kausal determiniert. *Damit hat Born das Wesentliche gesehen vom Verhältnis der Wellen der einen Fassung zu den Teilchen der anderen Fassung.* Der Begriff der Wahrscheinlichkeitsamplitude führte dann Jordan und Dirac zur umgreifenden Fassung der Quantenmechanik. Aus ihr leitete Heisenberg die Unbestimmtheitsbeziehung ab, und Bohr kam zur Einsicht in die „Komplementarität" zweier „Aspekte" der Wirklichkeit (z. B. Wellen und Teilchen), die sich gegenseitig einschränken und einander ergänzen. Born konnte 1927 auf einem Kongreß, auf dem die Bedeutung der Quantenmechanik behandelt wurde, verkünden, daß die Einschränkung der klassischen Begriffe endgültig sei.

Das alles war eine dramatische Entwicklung in den fünf Jahren 1922—27, und sie wurde von den Beteiligten damals so empfunden. Rückblickend ist man versucht, sie als Schauspiel mit fünf Akten zu sehen: Im ersten Akt zeigen die Bohr-Festspiele das Problem und die Personen. Im zweiten Akt treten Verwirrungen auf; doch wird die Aufgabe deutlich. Im dritten Akt wird eine Art Höhepunkt erreicht, eben die Göttinger Quantenmechanik. Im vierten Akt kommen Überraschungen und neues Suchen, und im fünften ist das Ziel erreicht im physikalischen Verstehen. Borns Rolle dabei war das Programm einer Quantenmechanik, Feststellung der Grenzen der alten Ansätze, Anweisungen zu ihrer Änderung, mathematische

Ausgestaltung von Heisenbergs Idee, Einsicht in das Verhältnis von Notwendigkeit und Wahrscheinlichkeit.

Göttingen

Für Borns Mitarbeiter und Schüler war es eine glückliche Zeit und eine günstige Gelegenheit zur eigenen Entfaltung. Man konnte irgendeine beliebige Aufgabe im Bereich der Atomphysik anpacken. Wenn man (vor 1925) Bohrs Anweisung oder (nach 1925) Quantenmechanik oder Schrödingergleichung samt physikalischer Bedeutung verstanden hatte, kam ziemlich sicher etwas Vernünftiges heraus. Born ließ viel Freiheit und trug doch Verantwortung für seine Schüler. Er nahm auch die Lehrtätigkeit ernst. Seine Anspannung in Forschung und Lehre führte gelegentlich zur Erschöpfung, vor allem, als nach 1925 die Zahl der ausländischen Besucher, besonders der amerikanischen Kollegen und Studenten, stark anstieg. Die Forschung hatte aber immer Vorrang. Die angehenden Dozenten unter seinen Schülern mahnte er, Lehrtätigkeit nicht als Ausrede zu benutzen, um sich vor der Forschung zu drücken.

Der Kreis Borns und Francks war ein einzigartiges Zusammenspiel begeisterter junger Leute. Francks intuitives Denken beeinflußte auch die Theoretiker, und Borns mathematische Kraft setzte auch Maßstäbe den Experimentierenden. Begabungen, Temperamente und Stile der Mitglieder ergänzten sich, man diskutierte miteinander, lernte andere Denkweisen verstehen, half auch mal bei langwierigen Messungen aus, feierte zusammen Feste, wanderte zu Werra und Weser und trieb auch fröhlichen Unfug.

Alle spürten den *Geist einer der Forschung, der Wahrheitsfindung verpflichteten Universität. Born und Franck verkörperten diesen Geist* in ihren Vorlesungen und Seminaren, in ihrem Umgang mit den Mitarbeitern und in ihren eigenen Forschungen. Es war eine der Glanzzeiten Göttingens.

Max Born
Ausgewählte Abhandlungen

Mit einem Verzeichnis der wissenschaftlichen Schriften.
Herausgegeben von der Akademie der Wissenschaften in Göttingen.
Band 1: XXIV, 718 Seiten, Leinen
Band 2: VIII, 706 Seiten, Leinen

Inhalt von Band 1:
I. Mechanik, Relativitätstheorie, Thermodynamik und anderes
   (7 Arbeiten von 1906–1958)
II. Kristallgitter
   (33 Arbeiten von 1912–1951)
III. Atome, Molekeln, Flüssigkeiten
   (6 Arbeiten von 1915–1946)

Inhalt von Band 2:
IV. Quantenmechanik
   (24 Arbeiten von 1922–1961)
V. Feldtheorie
   (7 Arbeiten von 1914–1939)
VI. Würdigungen
   (16 Arbeiten von 1922–1961)

»...An zweiter Stelle möchte ich den physikhistorischen Wert dieser Sammlung nennen: die nach Themenkreisen geordneten Arbeiten zeigen, wie entscheidende Ideen sich entwickelten (es sind ja in ihnen verwandte Arbeiten anderer Forscher aus gleicher Zeit zum gleichen Problem zitiert); zugleich entsteht ein plastisches Bild von der Entwicklung, von der Konsolidierung der Gedanken eines großen Forschers, dem das Geschick mehr als ein halbes Jahrhundert vitale Schaffenskraft schenkte. Drittens möchte ich die für eine Geschichte der Physik wesentlichen Einblicke in die vielleicht einzigartige Bedeutung Göttingens für die Physik nennen, die sich in Borns Arbeiten aus der Göttinger Zeit widerspiegelt, schon äußerlich durch Namen von Mitarbeitern (1920 bis 1933) gekennzeichnet: M. Blackman, E. Brody, S. Flügge, J. Franck, V. Fock, W. Heisenberg, P. Jordan, J. S. Mayer, W. Pauli, R. Oppenheimer, V. Weisskopf, N. Wiener – Erinnerungen an ungetrübte, schwere und frohe, nur der Wissenschaft gewidmete Arbeitsjahre, deren gewaltsames Ende 1933 noch einmal in seiner ganzen Schwere in Erinnerung gerufen wird.«

Prof. Dr. Walther Gerlach/
Universitas

Vandenhoeck & Ruprecht · Göttingen u. Zürich

Wilhelm Ebel
Göttinger Universitätsreden aus zwei Jahrhunderten

(1737–1934)
1978. 651 Seiten, Leinen

Universitätsreden sind ein Wissensschatz eigener Art. Die notwendige Kürze, die gegenständliche Abrundung, die den Interessen und dem Verständnis der Zuhörer angepaßte Themenwahl, die für das Mündliche bestimmte Ausdrucksweise — das alles unterscheidet diese Reden von den für den Druck vorbereiteten Arbeiten. — Die in diesem Band abgedruckte — notwendig begrenzte — Auswahl stellt ein Stück Geschichte der GEORGIA AUGUSTA und überdies eine besondere Art Wissenschaftsgeschichte dar — in ihren Einzelheiten wie als Gesamt so anregend wie ergiebig.

Die Verfasser der Reden: Ernst Gottfried Baldinger / Konrad Beyerle / Johann Friedrich Blumenbach / Karl Brandi / Ernst Curtius / Karl Dilthey / Ferdinand Frensdorff / Carl Friedrich Gauß / Jacob Grimm / Albrecht von Haller / Werner Heisenberg / Christian Gottlob Heyne / Abraham Gotthelf Kaestner / Friedrich Merkel / Herbert Meyer / Johann David Michaelis / Lorenz Mosbach / Carl Otfried Müller / Johann Andreas Murray / Friedrich Neumann / Eduard Riecke / Albrecht Ritschl / Johann Georg Roederer / Gustav Roethe / Justus Friedrich Runde / Max Runge / Edward Schröder / Moritz A. Stern / Albert Stimming / Arthur Titius / Max Verworn / Waldemar Voigt / Jakob Wackernagel / Ludwig Weiland.

Wilhelm Ebel
Memorabilia Gottingensia

Elf Studien zur Sozialgeschichte der Universität
1969. 193 Seiten, kartoniert

Inhalt: Die Landstandschaft der Georgia Augusta / Die Göttinger Dichterkrönungen / Über die Spruchtätigkeit der Juristenfakultät / Zur Entwicklungsgeschichte des Göttinger Privatdozenten / Die Professoren-Witwen- und Waisenkasse / Die Kredit-Edikte / Über die Studentenfreitische / Die Universitätsverwandten / Über Lesezirkel, Leihbibliotheken und Lesezensur / Die Göttinger Universitätsapotheke / Der Universitäts-Wein- und Bierschank.

Vandenhoeck & Ruprecht · Göttingen u. Zürich